Lettrage et calligraphie

Ce cahier contient deux pages par lettre : une page de lettrage guidé et l'autre, en regard, toujours lignée mais vierge, afin de vous permettre de vous exercer à votre guise tout en ayant le modèle sous les yeux.

Tome 2

Ce cahier appartient à

_____

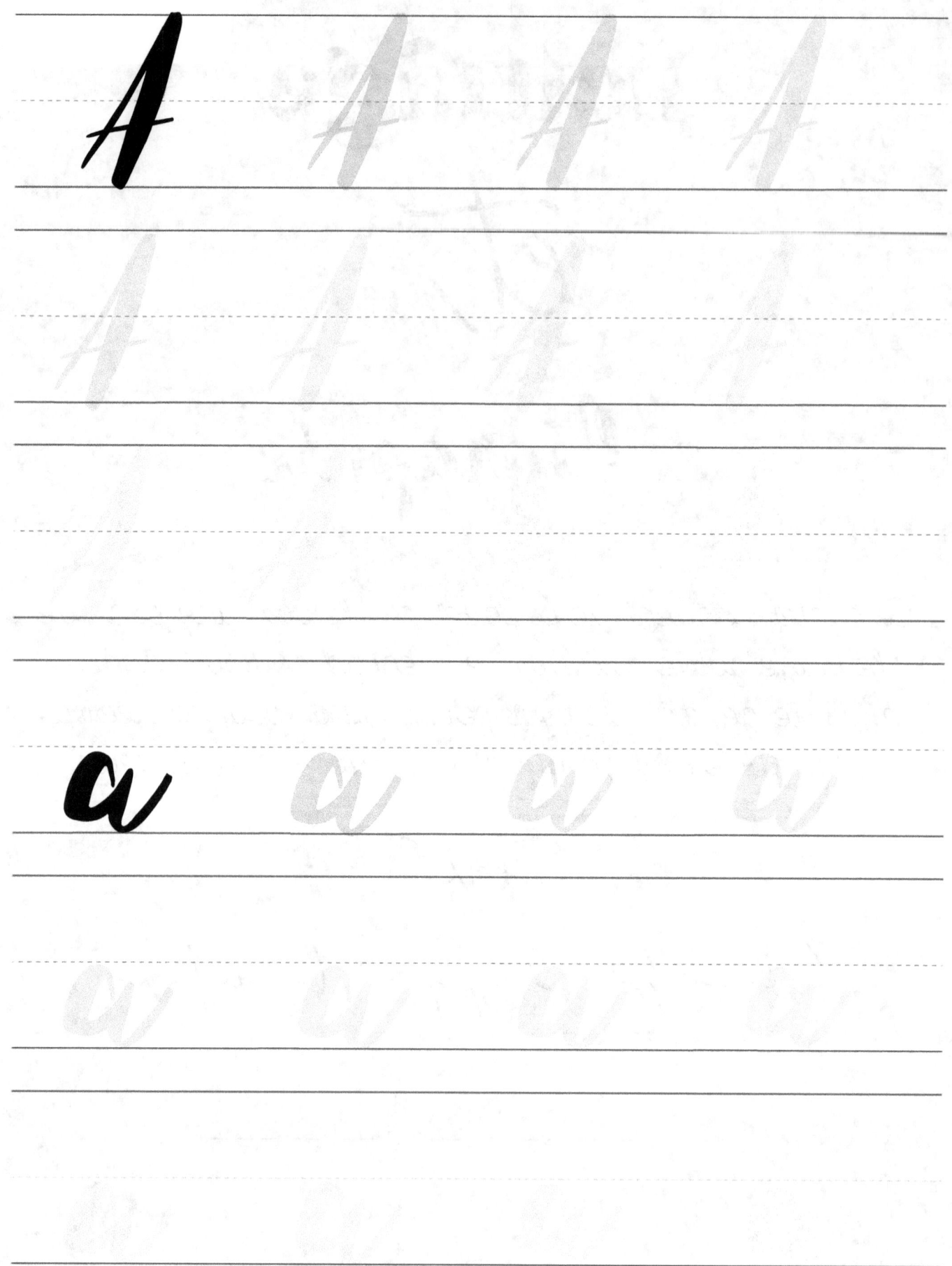

B B B B

b b b b

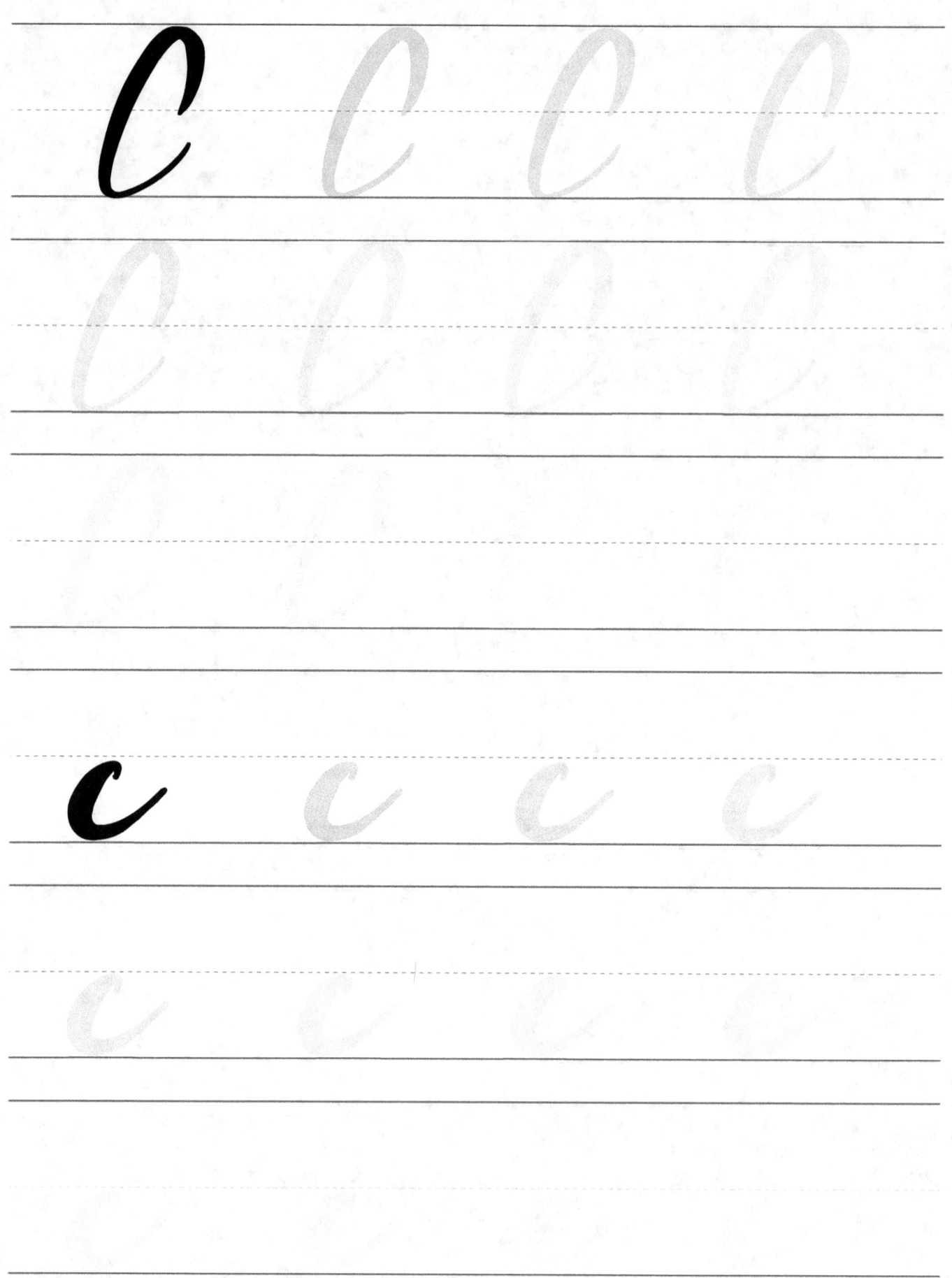

D D D D

d d d d

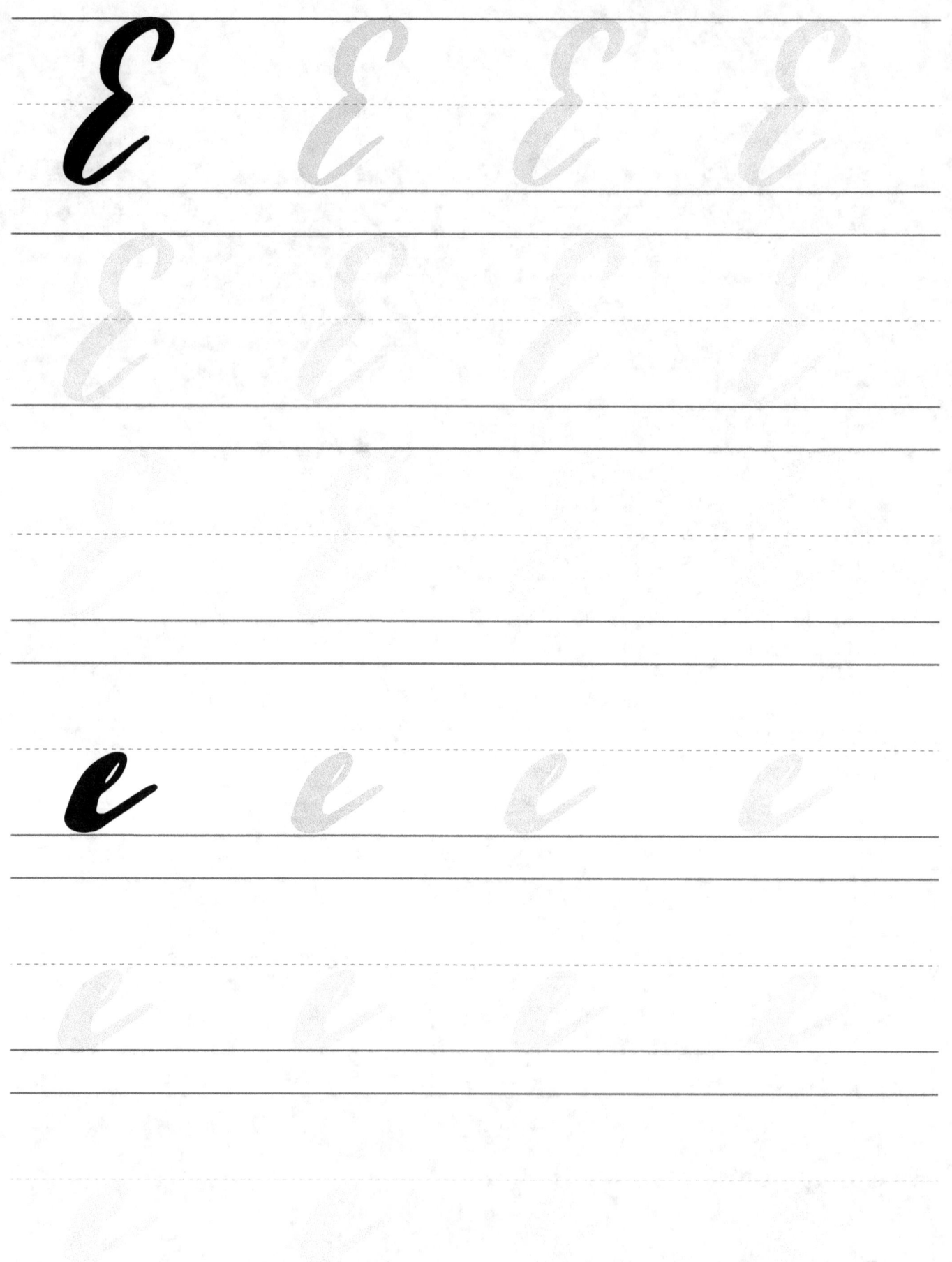

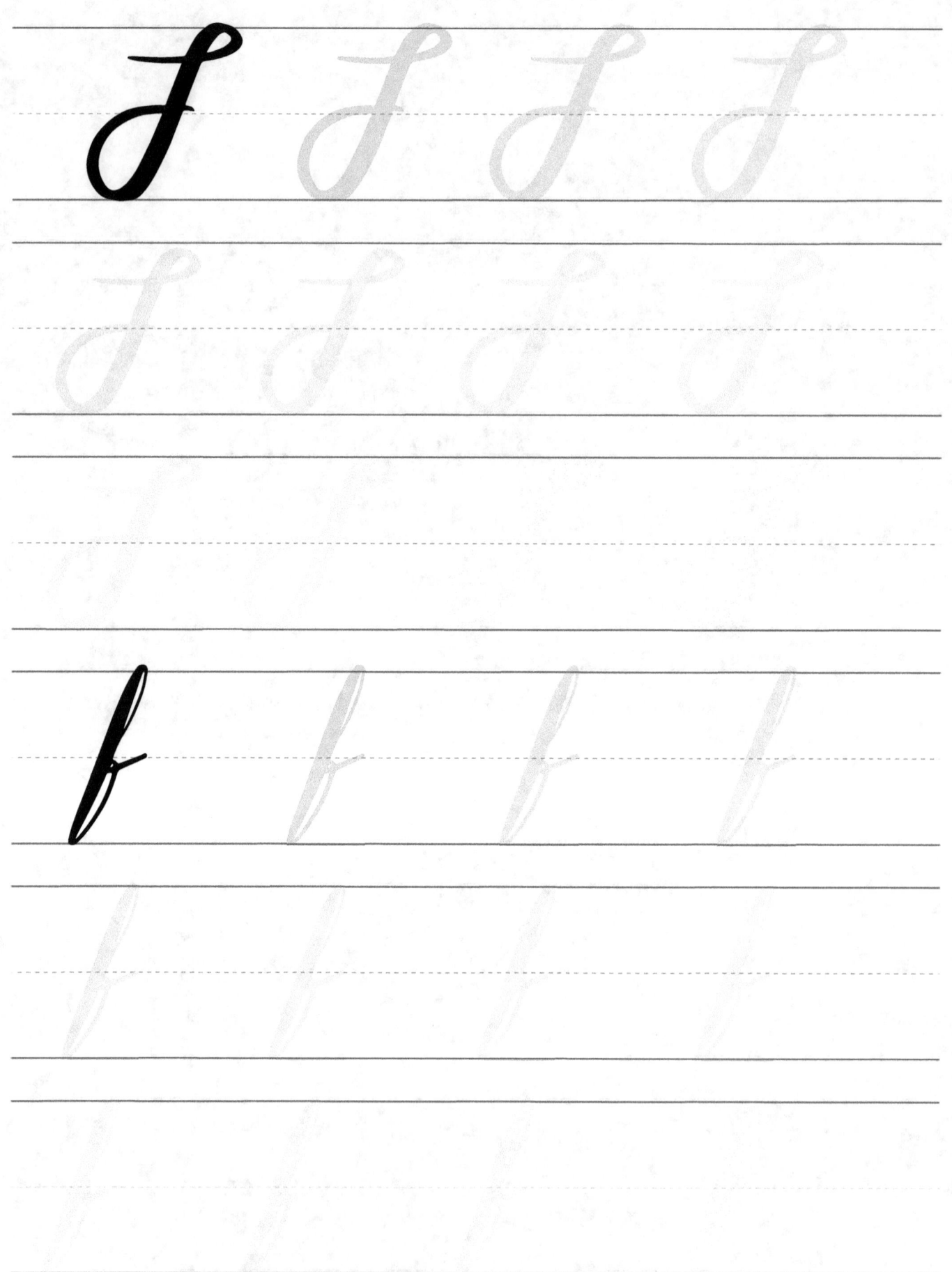

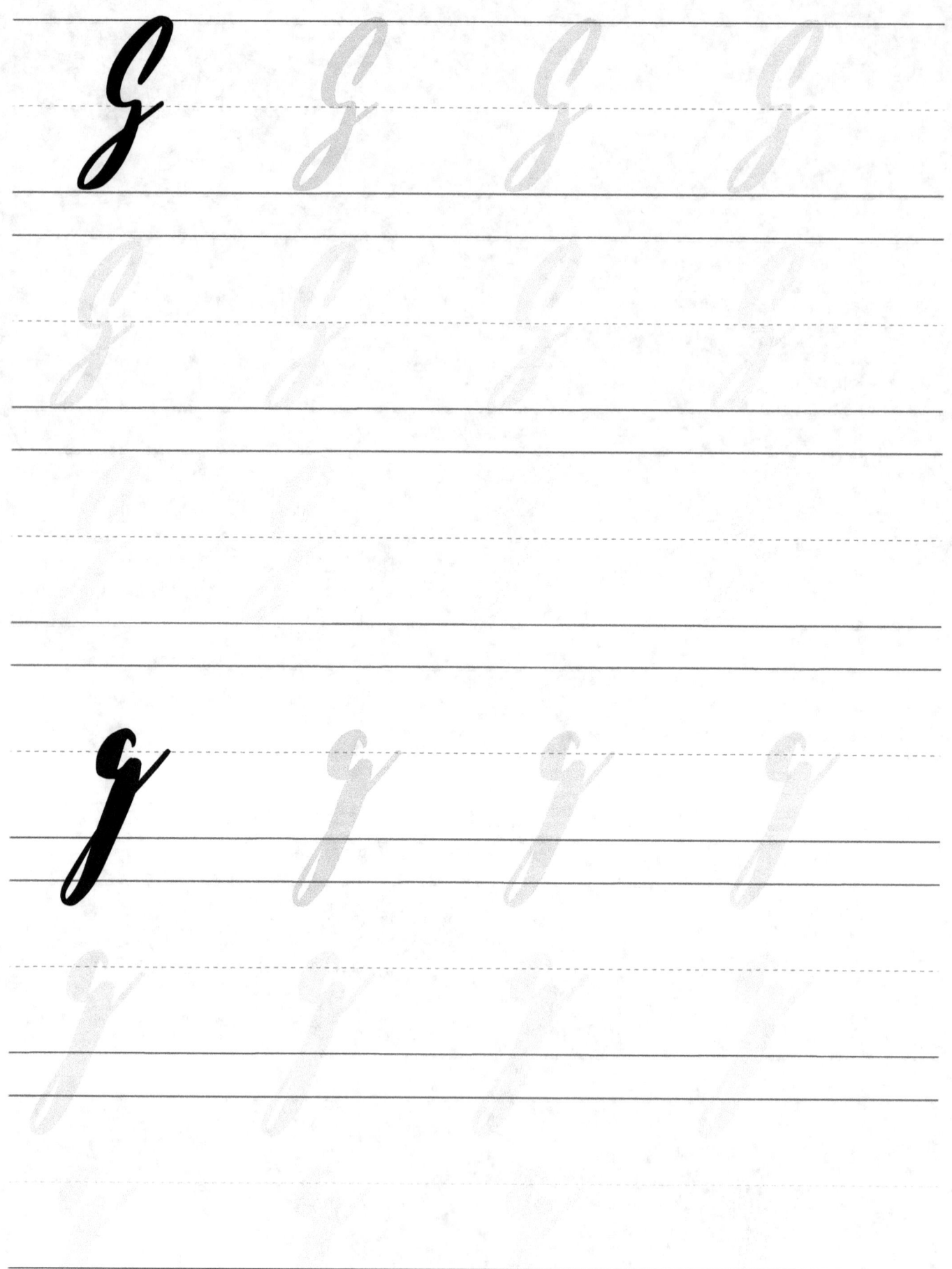

H H H H

H H H H

h h h h

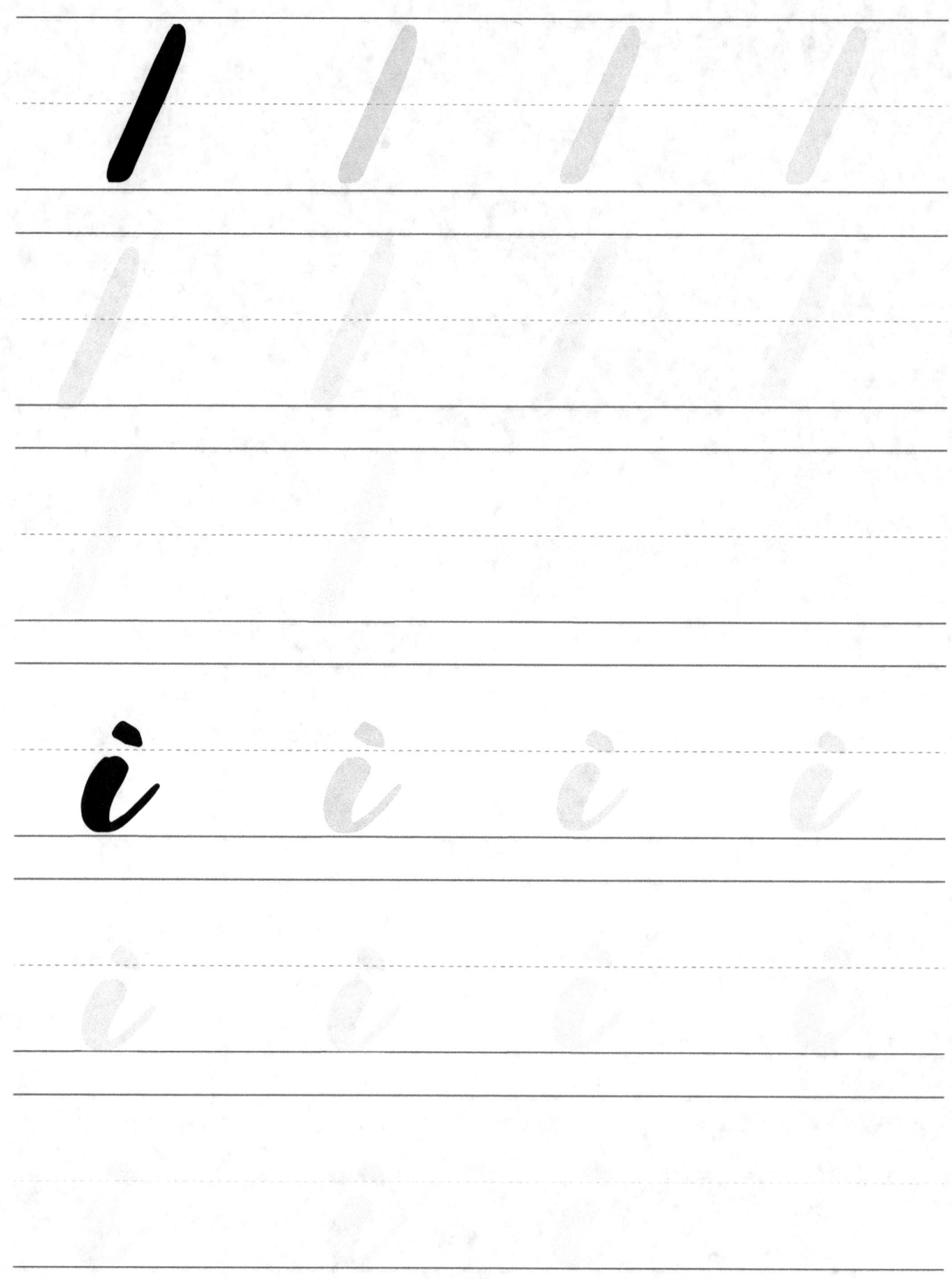

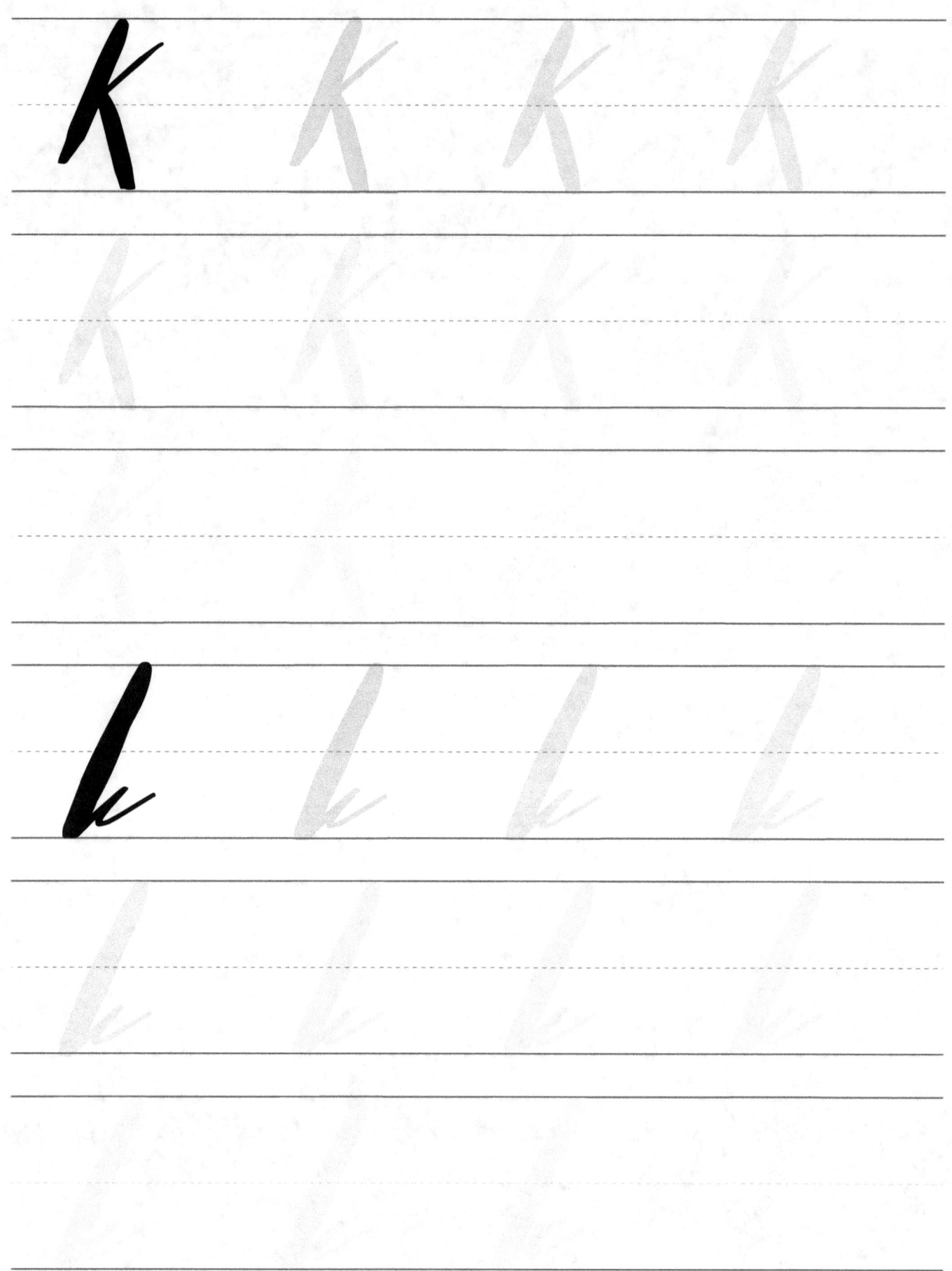

l l l l

l l l l

N N N N

n n n n n

n n n n n

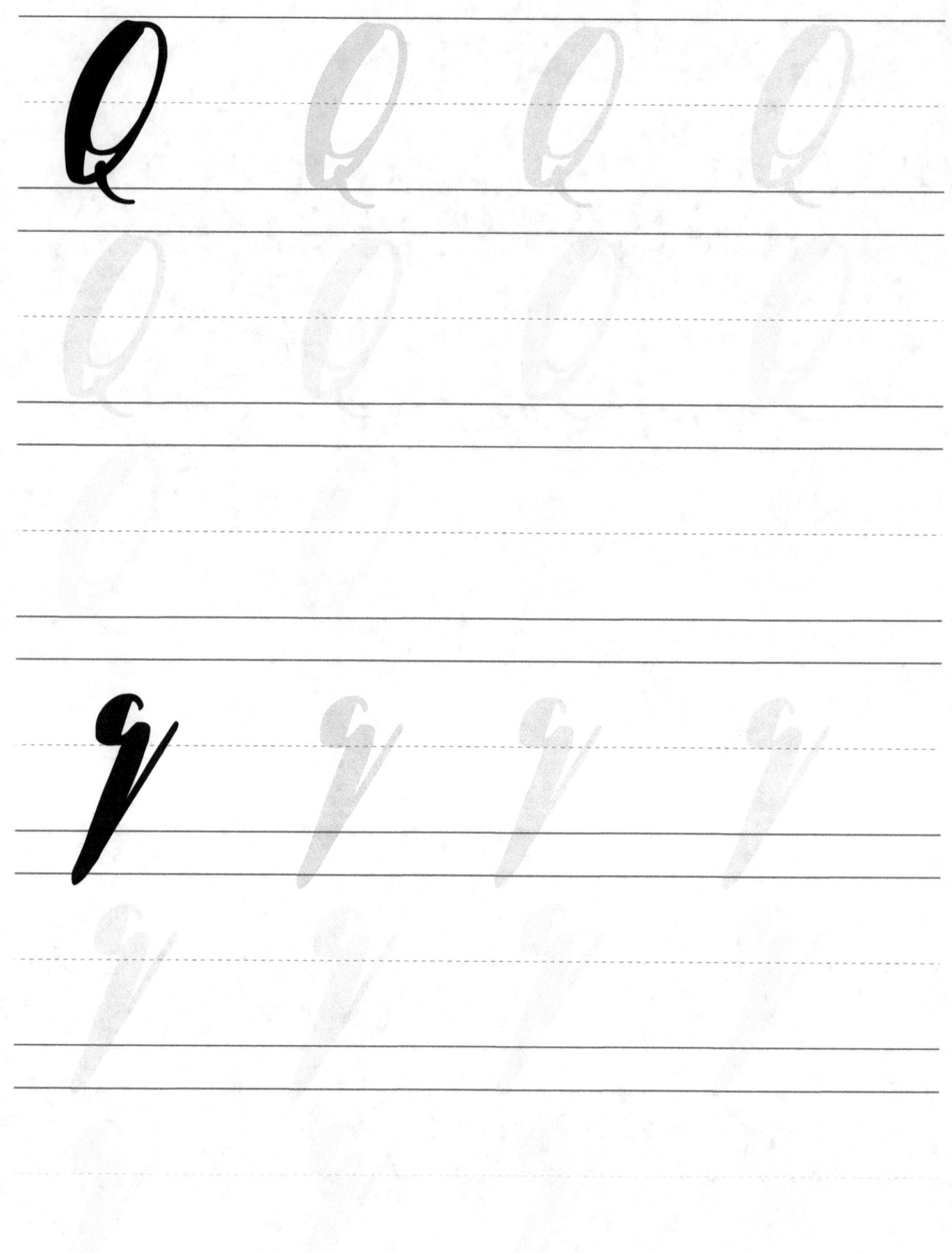

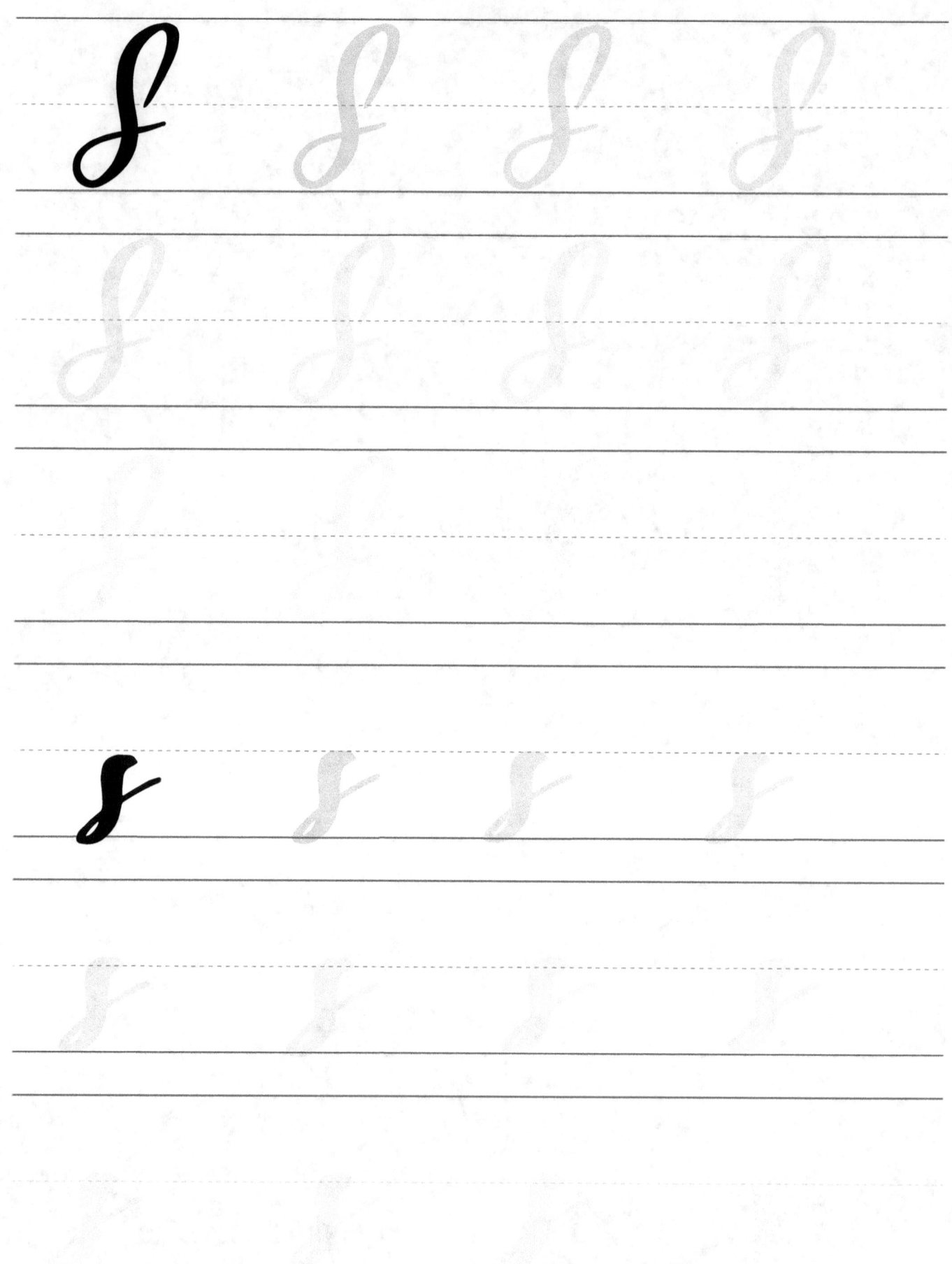

T T T T

t t t t

u u u u

u u u u

W W W W

W W W W

w w w w

w w w w

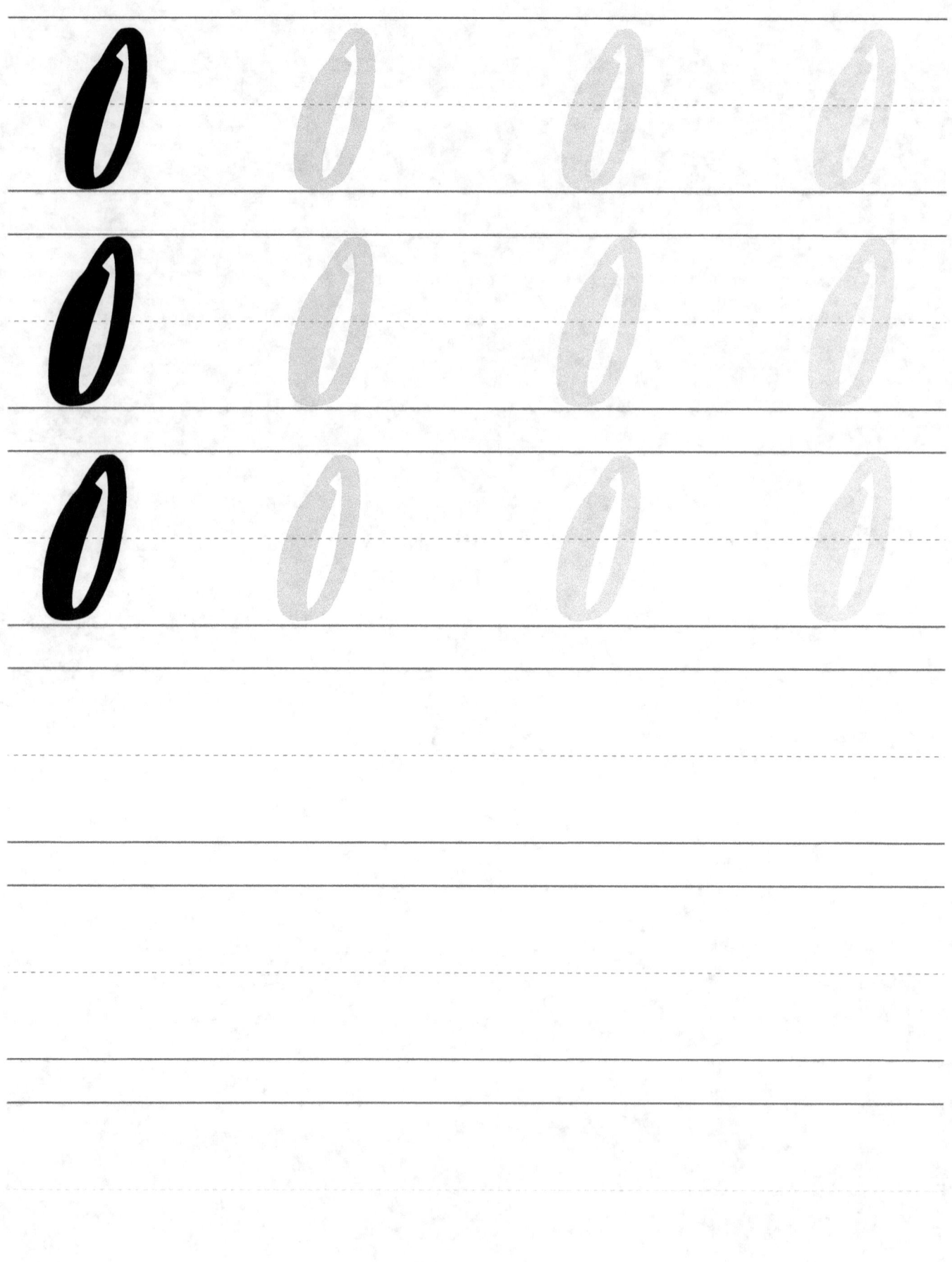

1 1 1 1

2 2 2 2

5 5 5 5

7 7 7 7

www.ingramcontent.com/pod-product-compliance
Lightning Source LLC
Chambersburg PA
CBHW060423220526
45465CB00008B/2991